지구를 지키는
제로 웨이스트

도전! 쓰레기를 줄이는 32가지 미션!

Défis zéro déchet

Text by Karine Balzeau and Illustrations by Laurent Audouin

Copyright © Rustica, Paris, France 2019
Korean translation copyright © 2021, ReadBean Publishing Co.,
This Korean edition is published by arrangement with Fleurus(under its imprint Rustica) through Bookmaru Korea literary agency in Seoul. All rights reserved.

지구를 지키는 **제로 웨이스트**

ⓒ 카린 발조, 로랑 오두앵, 2021

1판 1쇄 펴낸날 2021년 6월 10일

글쓴이 카린 발조 **그린이** 로랑 오두앵 **옮긴이** 김하나
펴낸이 이은영 **총괄** 이정욱 **책임편집** 이지선 **마케팅** 이정아 **디자인** Design ET
펴낸곳 빨간콩 **등록** 2020년 7월 9일(제25100-2020-000042)
주소 서울시 노원구 동일로 242길 88 상가 2F **전화** 02) 933-8050
전자우편 reddot2019@naver.com **블로그** blog.naver.com/reddot2019
ISBN 979-11-972233-6-5 73590

이 책의 한국어판 저작권은 북마루에이전시를 통해 Fleurus(under its imprint Rustica)와 독점 계약한 빨간콩에 있습니다. 신저작권법에 따라 한국 내에서 보호를 받는 저작물이므로 무단 전재와 무단 복제, 전송, 배포 등을 금합니다.

도전! 쓰레기를 줄이는 32가지 미션!

지구를 지키는
제로 웨이스트

카린 발조 글 로랑 오두앵 그림 김하나 옮김

차 례

들어가기 전에 ·· 7
제로 웨이스트의 의미 ·· 8

집에서

미션 1 방에서 쓰레기 분류하기 ·· 12
미션 2 나만의 퇴비 만들기 ·· 14
미션 3 재활용 종이 만들기 ·· 16
미션 4 상큼한 탈취제 만들기 ·· 18
미션 5 팔토시 만들기 ·· 20
미션 6 청바지로 머리띠 만들기 ·· 22
미션 7 안 입는 옷 재활용하기 ·· 24
미션 8 연필꽂이 만들기 ·· 26
미션 9 천연 재료로 풀 만들기 ·· 28
미션 10 플라스틱 사용하지 않기 ·· 30

화장실에서

미션 11 일회용품 줄이기 ·· 32
미션 12 몸에 해롭지 않은 데오도런트 만들기 ················ 34
미션 13 나만의 치약 만들기 ·· 36
미션 14 샤워 젤 대신 비누 사용하기 ································ 38
미션 15 작은 목욕 타월 만들기 ·· 40
미션 16 손수건으로 갑 티슈 만들기 ·································· 42

친구들과 함께

미션 17 쿠키 만들어 선물하기	44
미션 18 천으로 선물 포장하기	46
미션 19 실 팔찌 만들기	48
미션 20 새로 갖는 것 대신 원래 있던 것을 선택하기	50
미션 21 물물교환하기	52

주방에서

미션 22 남은 재료로 요리하기 : 달달한 디저트	54
미션 23 냉장고 속 재료로 요리하기 : 채소 카레	56
미션 24 자연에서 얻은 재료로 요리하기 : 바질 페스토	58
미션 25 천연 레모네이드 만들기	60
미션 26 키친타월과 작별하기	62
미션 27 수돗물 마시기	64

자연에서

미션 28 쓰레기 줍기	66
미션 29 자연에서 구한 재료로 생활용품 만들기	68
미션 30 새 모이통 만들기	70
미션 31 휴대용 재떨이 만들기	72
미션 32 천연 재료로 벌레 퇴치제 만들기	74

환경 용어 사전 ·········· 76

"함께 나누는 작은 실천들이
삶을 날마다 더 아름답게 만들어 준단다."

들어가기 전에

나뭇가지를 옭아맨 비닐봉지, 가득 차다 못해 넘쳐 나는 재활용 쓰레기통, 오가는 거리에 버려진 담배꽁초, 플라스틱으로 꽉 찬 대륙과 쓰레기가 떠다니는 바다……. 우리가 살고 싶어 하는 지구가 이런 모습이 아니라는 건 분명해.

그렇지만 우리가 의식 없이 산다면 이 어마어마한 양의 쓰레기를 끌어안고 살아야 할지 몰라. 물론 플라스틱투성인 지구를 바꾸기 위해서 습관을 바꾸고 실천하는 일은 쉽지 않지. 그래서 네가 지구를 지키는 일에 참여하고, 쓰레기에서 조금이나마 자유로워질 수 있도록 32가지 미션을 알려 주려고 해. 한번 도전해 봐!

 칠성무당벌레 '카린'

제로 웨이스트의 의미

카린, 제로 웨이스트가 무슨 뜻이야?

제로 웨이스트(Zero Waste)는 쓰레기를 제로(0)로 만들자는 뜻이야. 더 정확히 말하면 모든 제품, 포장이나 자재 등을 쓰레기로 버리지 않고 재사용될 수 있도록 하는 거야.

쓰레기를 제로로 만든다고? 그게 가능해?

모든 쓰레기를 없앨 수는 없지만, 쓰레기가 최대한 나오지 않도록 할 수는 있지.

쓰레기니까 버릴 수 밖에 없는 거 아냐?

쓰레기로 버려진다고 해서 그 모든 쓰레기가 쓸모없다거나, 쓸 수 없을 만큼 상태가 나쁜 건 아니잖아? 너도 알 텐데.

그건 그래. 아까운 게 많지.

우리나라 국민 한 사람이 70년을 살면서 배출하는 생활 쓰레기는 무려 55톤에 이른다고 해. 55,000kg이나 되는 거야.

매일 배출되는 쓰레기 양이 어마어마하다고 들었어.

그런데 이 많은 쓰레기 중 재활용하는 것을 빼고는 불에 태우거나 땅에 묻어야 해. 심각한 환경오염의 원인이 되는 거지.

게다가 요즘은 편리함만 추구해서 한번 사용한 후에 버리는 종류의 상품이 점점 늘어나고 있어. 우리가 먹는 간편식이나 일회용품들을 생각해 봐.

맞아… 쓰레기 양이 정말 많은 것 같아.

이렇게 점점 늘어나는 쓰레기들을 처리하는 것은 쉬운 일이 아니야.

그러면 우리는 무슨 일을 할 수 있을까?

많은 걸 할 수 있지! 먼저 우리의 상황을 잘 알고, 이해해야 해. 그리고 날마다 제로 웨이스트를 실천하는 거야! 걱정 마. 이 책의 미션을 해 나가다 보면 자연스럽게 습관이 생기게 될 거야!

미션 시작!

이렇게 해봐요!

집에서
미션 1

방에서 쓰레기 분류하기

주의해야 할 점이 있어요! 쓰레기를 분류하는 기준은 여러분이 사는 지역의 쓰레기 처리 시설에 따라 다 달라요. 우리 동네의 쓰레기 분류 기준을 먼저 알아야 내 방의 쓰레기도 잘 분류할 수 있겠지요.

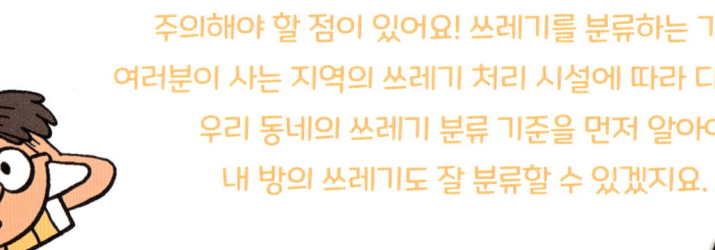

쓰레기통 종류가 너무 많아서 뭐가 먼지 모르겠어. 심지어 우리 집하고 할머니 댁의 쓰레기통도 다르다니까!

맞아. 만약 네가 사는 곳에 쓰레기 처리 시설이 잘 갖춰져 있다면 모든 플라스틱 포장재가 재활용될 거야. 요구르트 병이나 치즈 봉지 같은 유연성이 있는 플라스틱까지!

멋지다!

하지만 시설이 잘 갖춰지지 않았다면 유리병과 단단한 플라스틱 포장재, 종이 정도만 재활용될 거야.

아, 그럼 난 어떻게 분류하면 좋을까?

기다려 봐, 내가 알려 줄게!

이렇게 해 봐요!

1
먼저 너희 동네의 재활용 분리수거함 종류를 봐야 해. 보통은 플라스틱, 유리병, 종이, 금속류로 분류가 되어 있을 거야. 여기에 속하지 않는 쓰레기는 일반 쓰레기통에 버리면 되지. 시설이 잘 갖춰진 곳이라면 종이팩, 비닐, 투명페트병을 넣는 수거함이 따로 설치된 곳도 있어.

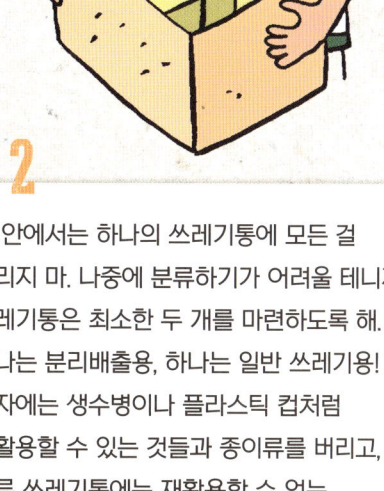

2
방 안에서는 하나의 쓰레기통에 모든 걸 버리지 마. 나중에 분류하기가 어려울 테니까. 쓰레기통은 최소한 두 개를 마련하도록 해. 하나는 분리배출용, 하나는 일반 쓰레기용! 상자에는 생수병이나 플라스틱 컵처럼 재활용할 수 있는 것들과 종이류를 버리고, 다른 쓰레기통에는 재활용할 수 없는 일반 쓰레기들을 버리는 거야.

3
두 쓰레기통이 다 차면 분리배출을 하면 돼.

집에서 미션 2

나만의 퇴비 만들기

'퇴비'는 짚, 낙엽, 동물의 배설물 등을 섞혀서 만든 친환경적 비료예요. 음식물 쓰레기로도 퇴비를 만들 수 있답니다. 음식물 쓰레기를 버리지 않고 자연 분해시키는 거지요. 퇴비는 우리 집의 식물에게 비옥한 흙을 제공할 거예요.

카린, 네가 정원에 놓아둔 커다란 나무 상자는 뭐야?

내 퇴비통이지. 지구의 가장 친한 친구라고나 할까?

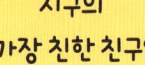

지구의 가장 친한 친구?

응. 난 음식물 쓰레기를 버리지 않고 퇴비로 만들어서 정원에 주거든. 미생물이 자연 분해해 주는 거야.

오호! 그거 좋은 생각이다. 어떻게 만드는지 알려 줄래?

그래! 날 따라와 봐.

이렇게 해 봐요!

1
구청이나 동네 주민센터에 퇴비통을 제공해 주는지 문의해 봐. 만약 구할 수 없다면 퇴비통을 사거나 나무 판자로 만들 수 있어. 그리고 사과나 바나나 껍질, 남은 반찬, 커피 찌꺼기, 티백에 든 찻잎, 채소 찌꺼기 같은 음식물 쓰레기 옆에 두는 거야.

2
주방에서 나오는 축축한 음식물 쓰레기와 낙엽, 잘게 찢은 종잇조각, 톱밥 같은 마른 물질을 섞어. 이때 음식물 쓰레기 2/3, 마른 물질 1/3의 비율로 섞어 줘.

3
바람이 잘 통하는 곳에 두면 돼. 이 혼합물은 자연적으로 분해가 되지.

4
6~9개월이 지나면 음식물 쓰레기는 아주 비옥한 흙으로 탈바꿈할 거야!

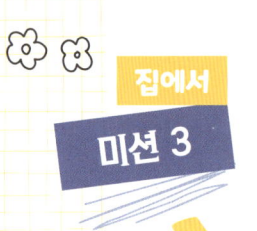

재활용 종이 만들기

지구의 산림을 파괴하고 공기를 오염시키는 원인의 대부분은 바로 종이 생산이에요. 그나마 다행인 건 종이는 다섯 번까지 재활용이 된다는 사실이지요. 종이를 일반 쓰레기통에 버리는 실수만 하지 않는다면요!

어? 네 종이는 하얗지가 않네? 벌써 사용한 종이야?

아냐, 아직 포장도 안 뜯었는걸.

새 종이인데 어째서 하얗지 않은 거야?

이건 재생 종이거든!

덜 하얗다는 점을 빼면 일반 종이랑 다를 게 없어 보이는데?

만들 때 나무와 물을 더 적게 사용해. 종이를 하얗게 만드는 유독 물질을 사용하지 않아도 되고. 경제적이고 환경적이지. 재생 종이를 직접 만들 수도 있어. 생각보다 쉬워!

이렇게 해 봐요!

1 신문지를 잘게 잘라서 물을 채운 세숫대야에 넣어요. 하루 동안 담가 두면 좋아요.

2 세숫대야 안에 있는 신문지가 종이 죽이 될 때까지 손으로 풀어 주세요.

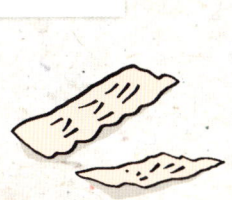

3 방충망 같은 가는 철망과 나무틀로 체를 만들어요. 그 위에 같은 크기의 나무 틀을 얹어요.

4 3에서 완성한 나무틀을 물에 넣고 세숫대야 속에서 가볍게 흔들어요. 그래야 종이 죽이 철망 위에 적당히 건져지고, 균일하게 퍼져요.

5 나무틀을 물에서 천천히 들어 올려 보세요. 체의 구멍이 듬성듬성 보인다면 4의 과정을 다시 반복하면 돼요.

6 위쪽 나무틀을 들어 올리고 종이 죽 위에 펠트천을 올려놓아요. 나무틀을 뒤집고 종이 죽이 떨어질 때까지 남은 물기를 닦아요. 평평한 곳에 펼쳐 놓고 말리기만 하면 완성!

상큼한 탈취제 만들기

바깥의 공기보다 집 안의 공기가 더 오염됐다는 사실을 알고 있나요?
벽의 페인트나 접착제, 플라스틱으로 된 내장재 등이
미세 입자를 내뿜거든요.

테오 방에 굴러다니는 낡은 양말에서 풍기는 냄새를 없앨 발명품은 없어?

냄새가 그 정도로 고약해?

말해 뭐 해! 심지어 테오 방이 난장판이라 창문까지 갈 수도 없다는 거야!

아… 사실 맨 먼저 해야 할 일은 환기를 시키는 건데!

그럼 이제 어떡하지?

테오에게 천연 탈취제를 만들어 주자. 방법을 알려 줄게!

※ **탈취제** 냄새를 없애는 데에 쓰는 약제

이렇게 해 봐요!

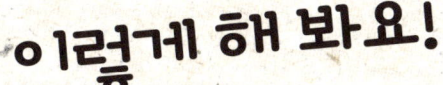

1 스프레이 공병을 준비해요. 다 쓴 병을 재활용하거나 새것을 구입해요.

2 냄새 없는 강한 **알콜 100mL**를 공병에 부어요. (보드카나 진토닉 같은 술을 사용해도 돼요.)

3 상쾌한 시트러스 향이 나는 **에센셜 오일 60방울**을 넣어요. 오렌지 향 20방울, 레몬 향 20방울, 자몽 향 20방울을 섞어 넣는 거죠. 에센셜 오일을 조합해 여러분이 좋아하는 향을 만들 수 있어요.

4 이제 재료들을 잘 섞고 칙칙 뿌리면 끝!

한걸음 더!

탈취제를 여러분 몸에 직접 뿌리지 않도록 조심하세요. 시트러스 계열의 오일은 햇빛에 닿으면 몸에 반점을 남길 수 있거든요. 특히 어린 동생이 있다면 정면에서 탈취제를 뿌리지 말아야 해요.
탈취제를 담은 병은 햇빛이 들지 않는 곳에 보관하세요.

집에서 미션 5

팔토시 만들기

너무 작아진 장갑 한 쌍, 아니면 너무나 아끼지만 구멍 난 양말이 있나요? 이번에는 낡은 것으로 새것을 만드는 것에 대해 생각해 봐요!

이게 뭐야! 양말이 완전히 헤져서 안이 다 들여다보이잖아!

살짝 튀어 나온 내 발가락 때문에 그러는 거야?

살짝 정도가 아닌데!

너 늘 팔이 시리다고 하지 않았어? 그럼 이걸로 팔토시를 뚝딱 만들어 봐.

사실 난 마음이 아파서 이 양말을 버릴 수가 없어. 얼마나 보들보들한데! 내가 가장 좋아하는 양말이라고!

우아! 꿰맬 필요도 없으니 나한테 안성맞춤이네!

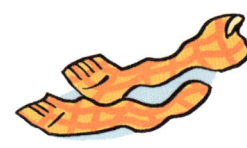

이렇게 해 봐요!

1 이제 신기 힘든 목이 긴 양말 한 쌍과 가위로 팔토시를 만들어 볼까요?

2 양말의 발 부분을 가위로 잘라요. 망설이지 말고 한 번에 싹둑 자르는 거죠!

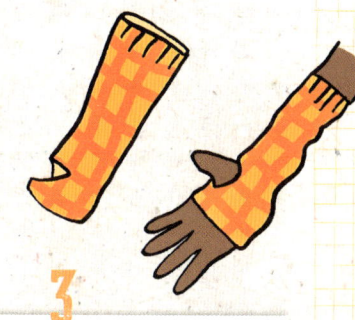

3 엄지손가락을 끼울 구멍을 가위로 잘라 만들어요.

4 양 손을 끼우고 아래 부분을 살짝 말아 올리면 팔토시 완성!

한걸음 더!

오그라들거나 줄어든 니트 재질로 만들면 더 좋아요. 몇 년이 지나도 잘라 낸 부분의 올이 잘 풀리지 않거든요.

집에서 미션 6

청바지로 머리띠 만들기

물건을 변형할 때 생겨나는 쓰레기도 자원이 될 수 있어요.
물론 약간의 창의력과 노하우가 필요하죠.
쓰레기를 재활용하는 방법을 알아볼까요?

네 머리띠 정말 멋지다! 어디서 났어?

쓰레기통이라고?

진짜야? 네가 그걸 직접 만들었다고?

아…… 쓰레기통에서!

응, 실과 바늘을 이용해서 살짝 손을 보긴 했지만.

당연하지! 완성하니 엄청 뿌듯해. 어떻게 만들었는지 알려 줄까?

이렇게 해 봐요!

1
혹시 길이가 너무 긴 청바지가 있나요?
필요없는 길이만큼 청바지 밑단을
잘라내서 활용할 거거든요.
밑단의 솔기를 잘 맞춘 다음 가위로
밑단을 잘라요. 그래야 잘라 낸 부분이
삐뚤빼뚤하지 않고 반듯해요.

2
잘라 낸 띠를 머리에 둘러 봐요.
그러면 머리띠를 만드는 데 고무줄이
얼마만큼 필요한지 알 수 있어요.

3
고무줄을 띠의 양 끝에 꿰매거나 묶어 고정시켜요.
이때 머리 둘레보다 약간 작게 만들어야 머리에
꼭 맞아요. 자, 이제 여러분의 새 청바지에도
잘 어울리는 멋진 머리띠가 완성됐어요!

집에서
미션 7

안 입는 옷 재활용하기

옷은 다양하게 활용할 수 있어요! 비록 상태가 좋지 않은 옷이라고 해도 헌옷수거함에 넣으면 새롭게 태어날 거예요. 집 지을 때 쓰이는 친환경 단열재로 탈바꿈할 수도 있죠.

네 동생 루이즈가 지금 입고 있는 거, 네 코트 아니야?

응, 내가 가장 좋아했던 코트지.

다른 사람과 나눠 쓰는 건 정말 멋져!

맞아. 물론 내가 아끼는 물건을 나누는 게 늘 쉽지만은 않지만 말야.

그러고 보니 이 옷은 소피아 거야. 입으면 기분이 엄청 좋아! 이런 걸 선순환이라고 하지!

그래도 물건들에 새로운 삶을 준다는 건 그 물건에게는 최고의 일이잖아.

이렇게 해 봐요!

옷에 다양한 삶을 선물하고 싶나요? 그렇다면 이렇게 해 보세요.

▶ 여러분보다 몸집이 작은 친구에게 줘요.

▶ 동생에게 물려줘요. 물론 이미 알고 있겠죠?

▶ 헌옷수거함에 넣어요. 상태와 쓰임에 따라 분류하고 재활용해 줄 단체에 맡기는 거예요.

▶ 중고 거래 사이트에 팔아요. 그러면 옷을 판 돈으로 나에게 맞는 옷을 살 수 있죠.

▶ 새로운 물건으로 만들어요. 오래된 티셔츠는 아주 예쁜 에코백으로 탈바꿈할 수 있죠!

한걸음 더!

앞으로는 어떤 천도 일반 쓰레기통에 버리지 마세요. 쓰레기통은 천이 있을 적당한 곳이 아니랍니다.

집에서
미션 8

연필꽂이 만들기

여러분은 유행을 따르고 싶나요? 내 방을 꾸밀 때도요? 최고의 디자이너들, 트렌드를 이끄는 사람들 사이에서 재활용이 유행이랍니다. 우리가 너무 많은 쓰레기를 만들어 내기 때문이죠.

빈 캔에 옷을 입혀 줄 거라고? 정말? 지금?

응. 빈 캔에 숨결을 불어 넣는 거지.

목도리를 둘러 줄 셈이야? 진짜 웃기다!

빈 캔이 추울까 봐 늘 걱정이었거든.

정말이야?

하하, 아니! 사실은 나만의 연필꽂이를 만드는 중이야. 이런 게 엄청나게 유행이라고! 또 쓰레기를 조금이라도 줄이기 위해서 빈 캔을 활용하는 거지.

이렇게 해 봐요!

1
빈 캔과 **양말 한 짝**을 준비해요. 자동 캔 따개로 캔 뚜껑을 열었다면 입구가 깔끔해서 안전해요. 그래도 혹시 모르니 어른과 함께 캔 입구가 너무 날카롭지 않은지 확인해야 해요.

2
캔에 붙어 있는 스티커를 떼어 낸 다음, 캔을 깨끗하게 씻어요.

3
양말의 발 부분은 잘라 내고 목 부분만 챙겨 두어요.

4
양말을 캔에 씌워요. 양말을 조금 주름지게 하거나 팽팽하게 당겨 씌울 수도 있어요. 이제 최고의 디자인이 담긴 여러분만의 새 연필꽂이가 완성됐어요!

집에서
미션 9

천연 재료로 풀 만들기

문방구에서 파는 풀에는 대개 독성이 있는 용매가 들어 있어요.
그리고 이 성분은 밖으로 방출되죠. 라벨 붙이기와 같은
간단한 작업에는 집에서 직접 만든 풀을 사용해 보세요.
충분히 잘 붙을 테니까요.

웩, 세상에!
이 화학 약품 냄새는 뭐야?

다른 풀은 없는 거야?
그건 냄새가 너무 독해서
코가 다 간지럽다.

아,
이 목공풀은
냄새가
좀 심해.

사실… 네 생일 때 줄
작은 카드를 만들고 있어.

와, 정말? 고마워!
그렇다면 내가 아주 간단하게
천연 풀 만드는 법을 알려 줄게.
이 풀로는 거의 모든 걸 붙일 수 있어!

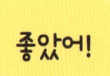

좋았어!

※ **용매** 어떤 액체에 물질을
녹여서 용액을 만들 때 그
액체를 가리키는 말

이렇게 해 봐요!

1
밀가루 2큰술 + 설탕 1큰술 + 약간의 물을 냄비에 넣어요.

2
냄비를 가스레인지 불 위에 올려요.
물을 조금씩 부어 주면서 살살 저어요.
크림 소스처럼 걸쭉해 질때까지
충분히 오래 끓인 다음, 불을 꺼요.

3
티트리 에센셜 오일 3방울을 떨어뜨려요.
완성된 풀에 보존제 역할을 하거든요.
오렌지 에센셜 오일 3방울을 추가하면
향기로운 천연 풀 완성!

한걸음 더!
천연 풀을 사용하지 않을 땐 냉장고에 보관해요.

플라스틱 사용하지 않기

플라스틱은 오랫동안 인류 최고의 발명품으로 인정받았지만 오늘날에는 최악의 골칫거리로 꼽히고 있어요. 심지어 거대한 플라스틱 쓰레기 덩어리가 바다에서도 발견되죠. 플라스틱 없이 살려는 노력을 시작해야만 해요.

네 나무 장난감, 모양이 정말 마음에 든다.

모양이 예쁠 뿐 아니라 지속가능해서 좋지.

그런데 나무 장난감은 가지고 놀기에 너무 무겁지 않아?

좀 무거워도 환경을 덜 오염시키잖아.

게다가 나무 장난감을 던져서 맞으면 정말 위험해!

뭐니 뭐니 해도 가장 위험한 건 우리를 뒤덮고 있는 수많은 플라스틱이라고!

이렇게 해 봐요!

물건을 살 때 플라스틱이 아닌 다른 재료로 만들어진 것이 있는지 확인해 보세요. 물론 쉬운 일은 아니죠. 가볍고 가격도 싼 플라스틱은 우리 주변 어디에나 있으니까요.

▶ 플라스틱 자나 삼각자보다는 금속이나 나무로 만들어진 것을 선택해요.

▶ 장난감 정리함으로는 라탄 바구니나 나무 상자를 활용해요.

▶ 창의력을 기르는 조립 장난감을 고를 때는 금속이나 나무로 된 것을 선택해요.

▶ 블록이 갖고 싶다면 중고로 사요. 플라스틱 블록은 지구상에 있는 모든 어린이가 쓸 만큼 이미 충분하니까요!

일회용품 줄이기

세척해서 다시 사용할 수 있는 물건을 쓰세요.
재사용할 수 있는 물건을 수명이 다할 때까지 쓰는 것이
일회용품을 사용하는 것보다 환경을 덜 해치는 방법이에요.

쓰레기통이 꽉 차서 흘러넘치네!
네가 쓰는 모든 물건을
지속가능한 물건으로 대체하면
이런 일이 줄어들 텐데.

지속가능한 물건?
그게 무슨 소리야?

한 번 사서
계속 사용할 수 있는
물건이란 뜻이야.

뭐? 윽, 좀 더러운데?

그렇지 않아.
사용할 때마다 깨끗이 씻으면
되는걸! 지구를 위해 모든 걸
변화시키는 행동이지.

아직 잘 모르겠어.
네가 어떤 방법이
있는지 알려 줘.

이렇게 해 봐요!

화장실 안에서 일회용품을 샅샅이 찾아보세요. 그리고 그것을 무엇으로 대체할 수 있는지 찾아보세요. 환경을 덜 해치는 방법이 있을 거예요.

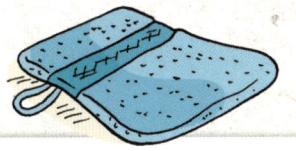

▶ 한 번 쓰고 버리는 샤워 타월 대신 **헹궈서 다시 쓰는 샤워 타월**을 사용해요.

▶ 화장지 대신 **손수건**을 쓰고요. (43쪽을 참고하세요.)

▶ 일회용 화장솜 대신 **빨아 쓰는 화장솜**을 사용해요.

▶ 면봉 대신 **귀이개**를 사용해요.

 한걸음 더!

여러분이 날마다 사용하는 작은 물건들을 재사용이 가능한 물건으로 바꿔 보세요. 지속가능한 데다가 '나만의 것'이라는 느낌도 가질 수 있으니까요!

화장실에서 **미션 12**

몸에 해롭지 않은 데오도런트 만들기

우리 몸을 케어하는 제품 중에는 건강을 해치는 화학 물질이 들어 있는 경우도 있어요. 건강한 성분으로 여러분만의 케어 제품을 만들어 보세요.

> 네가 들고 있는 데오도런트 성분표 좀 봐. 도통 알 수 없는 성분들이 보여.

> 그러니까. 뭐가 뭔지 전혀 모르겠어. 꼭 외계어처럼 보인다니까.

> 심지어 글씨 크기도 너무 작아……

> 이걸 만든 사람들은 물건을 사는 사람들이 이 안에 뭐가 들어 있는지 모르기를 바라나 봐.

> 건강을 위해서는 우리가 직접 제품을 만들어 쓰는 게 가장 좋을 거야.

> 좋은 생각이다! 어떻게 만드는지 알려 줄래?

※ **데오도런트** 냄새 제거제

이렇게 해 봐요!

1
밀랍 4g과 코코넛 오일 40g을 냄비에 넣고 아주 약한 불에서 녹여요.

2
밀랍이 다 녹으면 불을 끄고, **베이킹소다 26g**을 넣어요. 그런 다음 **옥수수 전분 26g**을 추가해요.

3
2에 **베르가못 에센셜 오일을 16방울** 떨어뜨려요. 베르가못 오일은 햇빛에 닿으면 피부에 색소 침착이 생길 수 있으니 색소 침착 성분이 없는 것으로 골라요.

4
다 섞은 재료들을 뚜껑이 있는 병에 담아요. 다 쓴 통을 재사용하면 더욱 좋아요! 이제 내용물이 굳을 때까지 기다렸다가 사용하면 돼요.

> **한걸음 더!**
> 샤워를 하고 나서 데오도런트 한 조각을 양쪽 겨드랑이 사이에 끼우고 녹이면 최고의 효과를 볼 수 있어요.

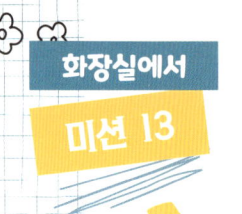

나만의 치약 만들기

이를 새하얗게 만들어 주는 치약이 여러분의 건강에 아주 좋은 건 아니에요. 광고 뒤에 숨겨진 것들이 있는지 늘 경계하고 살펴야 해요.

너 치아가 정말 예쁘다. 웃을 때마다 반짝거리잖아. 향긋한 입 냄새는 또 어떻고!

오, 역시 알아보는군! 크리스탈 미백 치약으로 바꿨거든. 상쾌함이 36시간이나 지속된대!

와, 멋지다! 그런데 어떤 성분이 들어 있어?

글쎄, 잘 모르겠는데…….

그건 좀 곤란한데. 안 그래?

알았다, 알았어. 이번엔 직접 치약 만드는 걸 알려 준다는 거지?

※ **미백** 살갗을 아름답고 희게 함.

이렇게 해 봐요!

1 마트에서 사는 치약보다 단순하고 자연적인 성분들로 된 치약을 여러분이 직접 만들 수 있어요. 그렇다고 식물만 씹던 구석기 시대로 돌아갈 필요는 없어요!

2 그릇에 **탄산칼슘*** 6큰술을 넣어요. 여기에 고운 **베이킹소다 한 꼬집** + **식물성 글리세린*** 1작은술 + **페퍼민트 하이드로솔*** 3~4작은술을 첨가해요.

3 2의 재료들을 다 섞고 용량 50mL가 넘는 통에 담아요. 짜서 쓰는 펌프 용기가 있으면 더 좋아요.

4 이제 일반 치약처럼 사용하면 돼요. 여러분에게 깨끗한 치아와 상쾌한 숨결을 선사할 거예요!

※ **탄산칼슘, 식물성 글리세린, 페퍼민트 하이드로솔**은 온라인 상점에서 구입할 수 있어요.

화장실에서 미션 14

샤워 젤 대신 비누 사용하기

샤워, 용변, 세탁 등으로 오염된 물은 하수처리장으로 가요.
하수처리장은 오염된 물이 강으로 가기 전에
수많은 과정을 거쳐 물을 깨끗하게 정화하는 곳이죠.
하수처리를 하려면 시간과 비용이 많이 들기 때문에
그 전에 물을 덜 오염시키는 게 중요해요.

> 지구의 많은 나라가 물 부족을 겪는다는데 그게 진짜야?

> 맞아. 세계 인구의 1/5은 쉽게 식수를 구하기도 힘들어. 지구상에 남아 있는 식수는 1%도 채 안 되거든.

> 그래도 바닷물이 있잖아. 소금기를 뺄 순 없나?

> 바닷물 1리터를 정화시키려면 신선한 물 355리터가 필요해. 비용과 시간이 많이 들지.

> 그럼 어떡해? 물 없인 살 수가 없잖아!

> 맞아. 그래서 물을 덜 오염시킬 수 있는 방법을 알려 줄까 해!

38

이렇게 해 봐요!

마트에 가면 여러 가지 꽃 향기나 코코넛 향 등 이국적인 향이 가득한 샤워 젤이 진열대를 채우고 있어요. 하지만 그것들은 지구에 값비싼 대가를 치르게 한답니다.

물의 오염을 막아 볼까?

▶ 샤워할 때 샤워 젤 대신 비누를 사용해요. 비누를 사용하면 물을 조금만 써도 되니 오염된 물도 줄어들 거예요.

▶ 비누 1개의 포장은 샤워 젤 1개의 플라스틱 통보다 작죠.

▶ 변기나 세면대, 싱크대를 쓰레기통처럼 사용하면 안 돼요. 면봉은 수영할 줄 모른다고요!

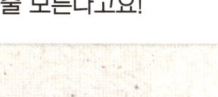 한걸음 더!

방과 집을 청소할 때도 천연 재료로 만든 제품을 사용하는 게 좋아요.

화장실에서 미션 15

작은 목욕 타월 만들기

수많은 천들은 결국 언젠가는 쓰임을 다해요.
우리가 어릴 때 입는 옷들은 더욱 그래요. 계속 자라니
옷을 더 빨리 바꿀 수밖에 없지요. 하지만 여러분이
그 옷들에게 두 번째 삶을 선물하면 돼요!

양말 한 짝이 또 구멍이 났어. 발톱을 깎아도 해결이 안 되네!

또? 말도 안 돼. 이번 주에만 벌써 세 개째야!

발이 자랐으니까! 게다가 한 쪽만 구멍이 나서 짝도 맞질 않아. 동생한테 물려주지도 못해.

그래? 뭘로 변신시키지? 뱀으로?

우리가 양말을 버리는 대신 변신시킬 수 있지 않을까?

아니, 목욕 타월로! 아마 깜짝 놀랄걸!

이렇게 해 봐요!

양말이 작아져서 신기 힘들더라도 상태가 좋다면 누군가에게 물려줄 수 있어요. 하지만 낡았거나 상태가 좋지 않은 양말이라면 변신을 시켜 보세요. 목욕 타월로요!

1
네 변의 길이가 각각 **15cm**인 사각형 나무판을 준비해요. 그리고 나무판의 각 변에 같은 간격으로 못을 7개씩 박아요. 총 **28개의 못**을 사각형 모양으로 박는 거예요. **못 신는 양말은 14켤레**를 준비하세요.

2
양말목의 밴드 부분을 가위로 자르세요. 밴드의 한쪽 끝을 못에 건 다음, 다른 쪽 끝을 세로로 당겨 마주 보는 못에 일직선으로 걸어요. 밴드 7개를 다 걸었다면 나머지 밴드를 가로로 못에 걸 거예요. 이때, 세로로 건 밴드들을 위아래로 번갈아 통과하면서 걸어야 해요.

다 걸었으면 모서리 중 하나를 선택해 코 2개를 집어요. 첫 번째 코에 두 번째 코를 통과시키며 못에서 빼내요. 두 번째 코에 세 번째 코를, 세 번째 코에 네 번째 코를…… 이런 순서로 코를 차례로 통과시키며 판에서 분리해요.

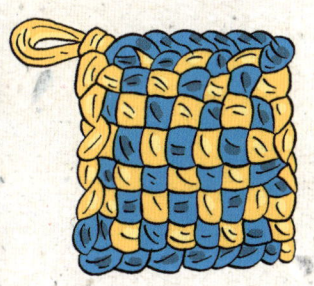

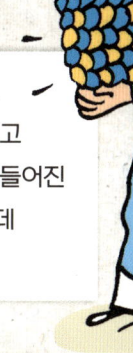

4
마지막 코를 첫 번째 코에 2번 통과시키면 매듭이 고정되고 목욕 타월이 완성돼요! 이때 만들어진 고리는 매달아 물기를 말리는 데 아주 유용할 거예요!

화장실에서
미션 16

손수건으로 갑 티슈 만들기

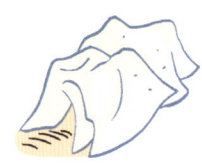

물건을 만들 때, 물건을 쓰고 난 후 환경에 미치는 영향까지 미리 생각하면서 만드는 경우는 많지 않아요. 우리가 손쉽게 쓰는 휴지를 만들 때 들어가는 나무, 에너지, 시간과 비용 등을 생각해 보세요.

에취~! 휴지는 재빨리, 슝!

우아! 딱 3초 사용하고 쓰레기통으로 보내는구나!

난 다 쓴 휴지를 모으진 않아!

당연히 그렇겠지. 그런데 네가 날마다 사용하는 물건들 중 어떤 것들은 사용 시간이 30초도 채 안 되는데 바로 버려지잖아. 정말 아까워.

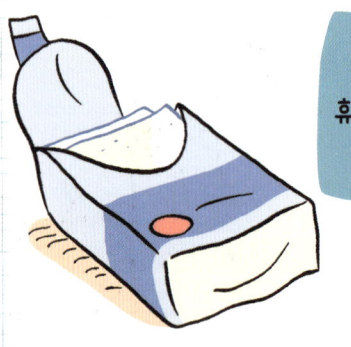

그렇다고 휴지를 쓰지 않을 수는 없잖아?

그것들을 다른 물건으로 대체할 수 있는지 고민해 봐!

이렇게 해 봐요!

1
창의력을 발휘해 볼까요? 우선 주변에서 **나무 상자**를 구하세요. 그런 다음 나무 상자를 여러분이 좋아하는 색으로 꾸미는 거죠. 단, 너무 밝은 색상은 피하세요. 시간이 흘러도 계속 사용해야 하는데 쉽게 더러워지면 곤란하잖아요.

2
낡아서 못 쓰는 **침대 시트나 옷감을** 손수건 크기로 잘라 반으로 접어요. 그리고 나무상자에 차곡차곡 넣어요. 뽑아 쓰는 모양새는 갑 티슈와 같지만, 지속가능한 갑 티슈를 얻을 수 있죠!

3
마법 상자 완성! 왜 '마법' 상자냐고요? 절대 텅텅 빌 일이 없으니까요.(빨아서 다시 넣으면 돼요.) 손수건을 한 번 쓰고 나면 바로 세탁기에 넣으세요!

쿠키 만들어 선물하기

약간의 달콤함을 담은 작은 친절들은 사람들에게 늘 기쁨을 주죠. 심지어 집에서 직접 만든 '달콤한 친절'이라면 더더욱 그렇답니다! 그게 뭐냐고요? 직접 만든 달콤한 쿠키요!

카린, 위고한테 줄 선물은 준비했니?

아차! 잊고 있었네. 생일파티가 언제지?

바로 내일이야! 뭘 사러 갈 시간이 없는데 어떻게 하려고?

그러게 말야. 나 좀 살려 줘!

그럴 줄 알았어. 걱정 마! 나한테 좋은 생각이 있으니까. 이 재료들을 보면 알겠지?

아하! 감 잡았어! 자, 지금부터 쿠키 만들기 시작!

이렇게 해 봐요!

만들기 쉬우면서도 상대방을 기쁘게 할 선물을 소개할게요. 효과는 장담해요!

1

잼을 담을 때 사용하는 **큰 유리병**을 준비해요. 물론 비슷한 다른 병을 준비해도 좋아요. 만약 병 속에 뭐가 좀 남아 있다면 다 먹은 다음 병을 잘 씻어 두세요.

2

준비한 병에 아래의 재료들을 층을 이루도록 차례로 부어요. 반죽 재료를 만드는 거예요.
- 이스트 1/2작은술 + 밀가루 150g
- 소금 한 꼬집
- 황설탕 100g
- 초콜릿 칩 100g
- 바닐라 설탕 2작은술

3

실온에 두어 말랑해진 **버터 75g + 달걀 1개**를 병 속에 더 넣어요. 그리고 주걱으로 잘 저어 섞어 주세요. 그 다음 오븐을 180도로 예열하고, 쿠키 팬에 종이 포일을 깔아 준비하세요.
이제 병 속에 만들어 둔 반죽을 크게 한 숟가락씩 떠서 쿠키 모양을 만들어 팬 위에 놓아요. 팬을 오븐에 넣고 10분 동안 구우면 쿠키 완성!

한걸음 더!

쿠키 만드는 법을 종이에 적어 두면 언제든 꺼내 볼 수 있겠죠?

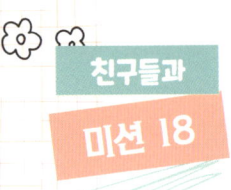

친구들과
미션 18

천으로 선물 포장하기

아주 오래전부터 전해 온 문화에서 쓰레기를 줄일 수 있는 아이디어를 얻을 수 있답니다. 바로 종이 포장지 대신 언제든 다시 쓸 수 있는 천을 활용하는 거예요. 보자기 포장처럼 말이에요!

> 세상에나!
> 꼬깃꼬깃한 포장지 더미 좀 봐!
> 선물을 주고받으면
> 매번 이렇게 쓰레기가 나오지.

> 네 말이 맞아.
> 하지만 어쩌겠어? 선물은 꼭
> 포장지로 싸야 하는데.

> 그럼 말야, 포장지 말고
> 다른 방법으로 선물을 포장해
> 보는 건 어떨까?

> 좋은 아이디어가
> 있어?

> 선물을 포장할 때
> 보자기나 손수건 같은 예쁜 천을
> 이용하는 거야!

> 오, 좋은 생각인데?
> 다른 친구들한테도 내 선물은
> 그렇게 포장해 달라고 해야지!

이렇게 해 봐요!

안 쓰는 스카프나 보자기, 자투리 천을 재활용하여 선물을 포장할 거예요. 저마다 크기가 다르면 쓰임새가 더 좋아요. 포장하고 싶은 선물의 특성에 맞춰 포장할 수 있으니까요. 한 번 해 보면 더는 연습할 필요가 없답니다.

▶ 상자 포장하기

▶ 둘둘 말아 포장하기

 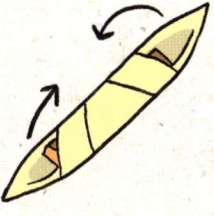  

▶ 유리병 포장하기

 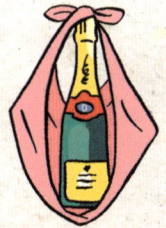  

한걸음 더!

종이 포장지는 감상할 새 없이 재빨리 뜯겨 버려져요. 하지만 천을 이용한 포장은 그 자체로 너무 아름답죠. 또 선물 받은 사람이 그 천을 재사용할 수 있으니 그것도 하나의 장점이에요.

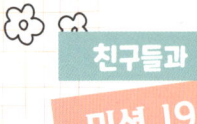

친구들과
미션 19

실 팔찌 만들기

당장 쓸모 없어 보이는 물건을 가지고도
쓰임새 있는 예쁜 물건을 얼마든지 만들 수 있답니다.
누군가에게 선물을 주고 싶다면 여러분 손으로 직접
무엇을 만들 수 있을지 고민해 보세요.

와, 네 팔찌 정말 예쁘다! 나 좀 보여 줘!

마음을 담았다고? 이거야말로 진정한 선물이지!

맞아!

친구가 마음을 담아 만들어 준 우정 팔찌야.

역시 잘 아는구나! 누구나 어떤 선물이든 할 수 있지만……

우정 팔찌를 만들어 주는 친구가 있다는 건 멋져!

이렇게 해 봐요!

1

하드보드지를 지름 **8cm**의 원으로 자르세요. 팔찌를 만들 받침대로 쓸 거예요. 비슷한 지름의 컵을 올려 놓고 연필로 컵 둘레를 따라 그리면 쉽게 만들 수 있을 거예요.

2

왼쪽 그림과 같이 일정한 간격으로 원판 가장자리에 가위로 홈을 판 다음, 가운데에 구멍을 뚫으세요. 약 **40cm** 길이의 실 **7가닥**을 한데 모아 끝 부분을 한번에 묶은 다음 구멍에 넣어요.

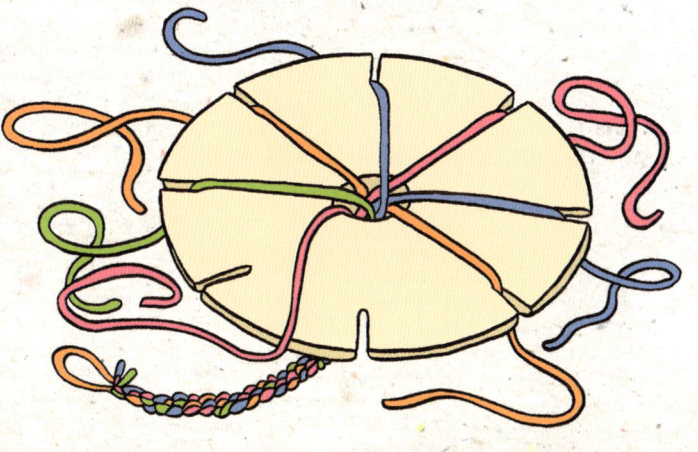

3

가장자리 홈에 실을 한 가닥씩 끼우면 홈이 하나 남을 거예요. 비어 있는 홈을 기준으로 하여 시계 방향으로 3번째 칸에 있는 실을 뺀 다음 비어 있는 홈에 끼워요.

4

계속 이 규칙대로 실을 비어 있는 홈으로 옮길 때마다 실이 서로 엮여 팔찌가 되죠. 팔찌가 완성되면 원판에서 분리하고 남은 7가닥의 실은 꽉 묶어요.

5

선물 받을 친구의 손목에 팔찌를 두르고 매듭을 고리에 통과시켜 묶어 주면 팔찌 완성! (이 방법은 '쿠미히모'라는 우정 팔찌를 만드는 방법이에요.)

친구들과
미션 20

새로 갖는 것 대신 원래 있던 것을 선택하기

외모나 옷차림만 보고 그 사람이 멋지다고 생각할 때가 있어요.
누구나 그럴 수 있죠. 하지만 보여지는 게 다가 아니에요.
보여지는 것에서 벗어나면 좀 더 인간다운 삶을 살 수 있어요.

카린. 엄마가 입은 후드 티 봤어? 진짜 멋지지 않아?

됬어. 후드 티가 다 거기서 거기 아냐?

되게 유명한 브랜드에서 나온 거잖아, 잘 봐봐!

그렇네. 엄청 비싸고, 엄청 먼 나라에서 만들어졌네. 입으면 따뜻하긴 하겠지?

어? 그거야, 난 모르지.

이렇게 해 봐요!

옷의 상표나 최신 유행을 따르는 것이 중요할까요? 새로 갖는 것보다 원래 있던 것을 어떻게 활용할지 생각하는 게 훨씬 중요하답니다.

▶ 다른 친구들의 차림새를 따르는 대신, 나만의 스타일을 만들어 보세요. 내가 가지고 있는 것들과 잘 어울리는 것들을 조합해서 말이죠!

▶ 겉으로 보이는 모습보다 더 중요한 게 있어요. 어떤 마음으로 물건을 사용하고 행동하느냐는 것이죠. 먼 나라에서 만들어져 오는 최신 유행의 옷이 꼭 필요하지는 않답니다.

▶ '정체성'이란 내가 존재하는 방식을 말해요. 나를 나답게 만들어 주는, 변하지 않는 나다움을 말하죠. 정체성을 확실하게 가지면 외모는 그리 중요하지 않다는 걸 알게 될 거예요.

▶ 외모만 보고 친구를 사귀지 마세요. 겉모습이 아닌, 친구들의 마음속 깊은 곳을 봐야 한답니다.

물물교환하기

다 읽은 책, 작아졌거나 싫증 난 옷, 다 가지고 논 장난감……
더 이상 필요하지 않은 물건들이 있다면 물물교환을 하면 돼요!
물물교환은 돈으로 물건을 사고 팔지 않고
직접 물건과 물건을 바꾸는 것을 말한답니다.

아드리앙이 그러는데 물물교환을 한 적이 있대. 그런데 물물교환이 뭐지?

물물교환은 너에게 더는 쓸모 없어진 물건들을 다른 물건과 바꾸는 일이야.

아하, 쓰레기 장터 같은 거네!

조금 의미가 달라. 물물교환은 네가 갖고 싶었던 물건과 네 물건을 서로 바꾸는 거라고.

뭐, 어쨌거나 정말 멋진 생각이야!

안 쓰는 물건 정리하는 걸 도와줄까?

이렇게 해 봐요!

물물교환을 하려면 먼저 여러분의 방에 있는 물건들을 선별하는 일부터 해야 해요.

1 너무 작아졌거나 싫증 난 옷들은 한 곳에 모아 두세요.

2 다 가지고 놀았거나 더는 필요 없는 장난감도 따로 정리해요.

3 책도 살펴보세요. 여러분은 자랐으니까요!

4 혹시 동생한테 물려주기 위해 남겨 둬야 할 것들이 있을 수 있으니 부모님과 함께 잘 확인해 보세요.

5 친구들과 친척들을 초대해요. 각자 정해진 개수만큼 물건을 가져오게 하고, 가져온 물건들을 알아볼 수 있도록 각 물건에 이름표를 붙여 주세요. 가져온 물건보다 더 많은 물건들을 가지고 갈 수도 있답니다.

* 물물교환은 제로 웨이스트의 시작!

남은 재료로 요리하기 : 달달한 디저트

생활쓰레기의 30% 정도는 음식물 쓰레기예요.
여전히 먹을 수 있는 것들인데도 버려지는 음식들이 많죠.
남은 재료로 요리하는 법을 알면 더 이상 음식물을
버리지 않아도 된답니다.

이 디저트 정말 예쁘다! 최고급 레스토랑에서 파는 디저트 같아!

하하, 그런 거야?

크게 틀린 말은 아니네. 우리집 부엌이 때로는 최고급 레스토랑이거든!

물론이야. 남은 음식이 요리가 되는 곳이니 당연히 최고급이지.

혹시 어떻게 만드는지 알려 줄 수 있어?

그래, 알려 줄 테니 잘 따라해 봐.

이렇게 해 봐요!

1
작은 유리컵이 필요해요. 크기가 작은 유리병이 있다면 그것을 재사용 해도 돼요.

2
별로 좋아하지 않거나 찬장에 굴러다니는 **쿠키**들이 있다면 모아서 잘게 부숴요.

3
잘게 부순 쿠키 가루를 유리컵에 부어요. 나중에 장식을 해야 하니 조금 남겨 두세요.

4
냉장고 깊숙한 데서 잠자고 있던 **과일**들을 모아요. 가장 상처가 많이 난 것들은 설탕에 절이고, 나머지는 작은 조각으로 잘라요.

5
유리컵 속 쿠키 가루를 과일 절임으로 덮은 다음 **화이트 치즈**나 **요구르트**를 얹어요. 그리고 그 위에 과일 조각을 올려요.

6
마지막으로 장식을 위해 쿠키 가루를 뿌리면 디저트 완성! 냉장고에 남아 있는 음식만큼 다양한 가능성과 요리법이 있답니다!

냉장고 속 재료로 요리하기 : 채소 카레

주방에서 미션 23

냉장고 속에 남아 있는 과일과 채소는 어떻게 변신할까요?
식욕을 돋우고, 어린아이들도 좋아할 만한
아주 특별한 조리법이 있답니다.

으음, 너네 집에서 뭔가 맛있고 좋은 냄새가 나!

하하, 고마워. 우리 집에서 밥 먹을래? 냉장고에 넣어 놓고 잊고 있던 채소들을 탈탈 털어서 아주 근사한 저녁을 준비했거든.

아, 아냐. 괜찮아. 난 채소를 좋아하지 않거든.

채소 카레야. 내 생각에는 세계에서 가장 맛있는 요리 중 하나지.

뭐, 그래도 냄새는 정말 좋다! 무슨 냄새야?

흠… 그렇다면… 저녁 식사 초대를 받아들일게.

오~ 좋아! 기대하시라!

이렇게 해 봐요!

이 조리법은 조금 상처가 난 채소들을 냉장고에서 비우기에 아주 완벽해요. 게다가 빠른 시간 안에 완성할 수도 있죠!

재료
- ▶ 다양한 종류의 채소
- ▶ 양파 2개
- ▶ 코코넛 밀크
- ▶ 카레 가루
- ▶ 소금, 후추 약간

1 채소의 껍질을 벗기고 칼로 조각조각 썰어요.

2 기름을 두른 프라이팬에 자른 **채소**들과 **양파**를 넣고 볶아요.

3 모든 재료가 노릇노릇해지면 **코코넛 밀크**를 둘러요. 여기에 **소금과 후추, 카레 가루**를 뿌리고 약한 불에서 20~30분 동안 익혀요.

* 완성된 카레를 쌀밥과 함께 먹으면 모두 감동받을걸요!

주방에서
미션 24

자연에서 얻은 재료로 요리하기 : 바질 페스토

자연에는 직접 키워서 먹을 수 있는 식재료가 넘쳐나요.
농사짓는 법을 몰랐던 시대에 사람들은
자연에서 먹을 수 있는 모든 것을 찾아냈지요.

안녕, 아멜리!
잡초 뽑는 거야?

이게 뭔데? 이렇게
진한 향이 나는 풀을
어떻게 먹는다는 거야?

꿈 깨시지!

정원을 가꾸려는 건 아냐.
직접 키운 식물로 요리를 하려고 해.

이건 바질이야. 이게 얼마나 맛있는데.
그리고 너, 그거 알아?
너도 곧 바질을 먹게 될 거야!

이리 와 봐.
네가 먹게 된다에
한 표 걸지!

※ **페스토** 가열 조리하지 않은 그린 소스

이렇게 해 봐요!

간단하고 빠르게 요리할 수 있는 조리법을 알려 줄게요.
직접 키운 식물로 만들어서 포장용 쓰레기도 전혀 나오지 않죠!

재료
▶ 바질 40g
▶ 올리브 오일 40g
▶ 파마산 치즈 20g
▶ 헤이즐넛 20g
▶ 마늘 1쪽
▶ 소금, 후추 약간

1 **바질잎**은 잘 따서 흐르는 물에 빠르게 씻어 주세요. 바질은 오래 그냥 두면 금방 시들거든요. 바질의 물기를 잘 털어 주세요.

2 **올리브 오일 + 파마산 치즈 + 헤이즐넛 + 마늘 1쪽 + 소금과 후추**를 바질과 함께 넣고 믹서기로 잘 갈아요. 그러면 예쁜 초록빛 페스토 완성! 정말 쉽죠?

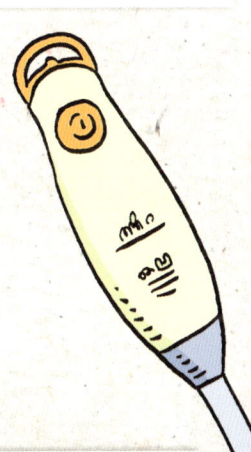

3 빵을 작게 썰어 구운 다음, 그 위에 페스토를 발라 보세요. 친구들과 함께 만들어 먹으면 훨씬 재미있고 맛있을 거예요! 참, 헤이즐넛 대신 잣이나 캐슈너트와 같은 다른 견과류를 넣어도 괜찮아요.

주방에서
미션 25

천연 레모네이드 만들기

마트에서 파는 대부분의 탄산음료는 너무 달고 건강에 좋지 않아요. 직접 탄산음료를 만들어 보세요. 건강한 재료들만 넣을 수 있는 데다가 재미있기까지 하답니다!

치익……
와! 정말 맛있다!

맞아. 그런데 일반 탄산음료가 아니라 집에서 만든 거야!

응, 탄산도 아주 강하고 맛도 엄청난 레모네이드를 만들 수 있지.

뭐 마시는 거야?
거품이 생긴 걸 보니 탄산음료 같은데?

너 탄산음료 만들 줄 알아?

대단하다! 만드는 법을 꼭 알고 싶어!

이렇게 해 봐요!

1
케피어 그레인을 준비해요.
케피어 그레인은 효모가 결합된
유산균을 말해요. 온라인 상점에서
쉽게 구입할 수 있어요.

2
주둥이가 넓은 유리병에
케피어 그레인 1큰술을 넣어요.
여기에 **설탕 2작은술 + 유기농
레몬 1/4 + 대추 1알**을 넣고
물을 채워요.

3
유리병을 밀폐하지 않고
뚜껑을 살짝만 덮으면
작은 거품이 발생해요.
발효가 되어 음료수에
거품이 생기는 거예요.

4
대추가 떠오르면 먹을
준비가 된 거예요!
뚜껑을 닫고 서늘한
곳에 병을 두어요.

5
레모네이드를 마시기 전에
케피어 그레인과 대추,
레몬을 걸러 내요.
이렇게 만든 레모네이드에는
프로바이오틱스가 풍부해
건강에 좋답니다.

한걸음 더!
케피어 그레인은 끝없이
재사용할 수 있어요. 게다가
배양하는 동안 계속 증식하기
때문에 다른 사람들에게 나눠
줄 수도 있죠.

주방에서 미션 26

키친타월과 작별하기

우리가 무심코 쓰는 것들이 사실 꼭 필요한 것은 아니에요.
특히 수명이 너무 짧은 생활용품은 더 그렇죠!
그런 것 없이 생활할 수 있는 아이디어를 찾아볼까요?

> 키친타월 24롤을 사면 18롤을 더 준대! 폭탄 할인이야!

> 그게 말야, 지금 당장 우리에게 꼭 필요한 걸까?

> 수명이 매우 짧아서 한 번 쓰고 버리는 것들을 많이 사게 하려는 작전이 숨어 있는 거겠지?

> 물론이야. 하지만 우리 모두가 지구는 단 하나뿐이라는 걸 알잖아. 지구를 보호해야 해. 안 그래?

> 당연하지. 하지만 사람들은 그걸 잊고 사는 것 같아.

> 지구를 지키려면 덜 사야 한다는 걸 자꾸 잊는 거지.

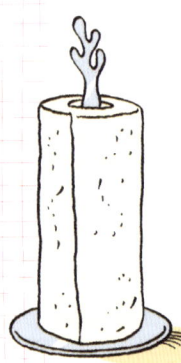

이렇게 해 봐요!

▶ 코를 풀 땐 **손수건**을 사용해요. 부드러운 손수건은 코에도 훨씬 좋아요.

▶ 방금 물이 담긴 컵을 쏟아 식탁을 닦아야 한다고요? 그럴 땐 **스폰지**를 사용하면 쉽게 해결돼요. 빨아서 쓸 수도 있고요.

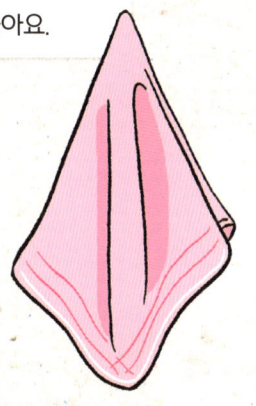

▶ 그릇의 남은 물기는 **행주**로 닦아요.

▶ 식사할 때 입을 닦으려면 **천으로 만든 냅킨**을 사용해요. 냅킨 링을 끼워 놓으면 입 닦는 냅킨을 구별할 수 있겠죠?

▶ 바닥을 닦을 땐 **걸레**를 사용해요.

▶ 그리고 그 밖의 다른 상황들이 생긴다면 곰곰이 생각해 보세요. 종이 휴지나 키친타월을 무엇으로 대체할 수 있을지 말이에요. 수많은 해결 방안이 있답니다!

주방에서
미션 27

수돗물 마시기

지구 남쪽의 몇몇 나라에 사는 사람들은 물을 쉽게 구할 수 없어요. 수도꼭지만 틀면 언제든지 마실 물을 얻을 수 있다는 게 얼마나 큰 행운인지 알아야 해요!

이 물병 너무 예쁘다. 근데 안에 있는 건 뭐야?

수돗물인데, 맛을 더하려고 우리가 레몬으로 솜씨를 좀 부렸지!

오, 아이디어 좋은데?

그리고 말야…

수돗물을 마시면 한 해에 1인당 평균 365개의 플라스틱통을 절약할 수 있지!

그런 관점에서 보니 더는 망설일 이유가 없겠는데!

이렇게 해 봐요!

손님이 왔을 때 물을 대접하는 게 정성이 없어 보일까 봐 걱정되나요?
물은 인간에게 없어서는 안 될 유일한 음료라는 걸 꼭 기억하세요.
그럼 손님들을 위해 향긋한 물을 준비해 볼까요?
여러분이 원하는 방법을 더 찾아낸다면 뿌듯할 거예요.

- 오이와 바질, 레몬
얇게 썬 오이 2~3조각 +
바질 잎 몇 장 +
레몬 1/4조각 + 물

- 딸기와 민트
딸기 1/4조각 + 민트 1줄기를
넣으면 보기에도 예뻐서
마시고 싶은 마음이 저절로
들 거예요.

- 레몬밤과 샐비어(또는 세이지), 감초
끓는 물 + 레몬밤 잎과 샐비어 줄기 + 감초 스틱을
넣어 우려 내요. 따뜻하게 마셔도, 시원하게 마셔도
좋답니다.

자연에서
미션 28

쓰레기 줍기

우리는 날마다 지구 위에 쓰레기를 쌓고 있어요.
그럼 이제 무엇을 해야 할까요? 물론 쓰레기에 맞서야죠!
늘 필요한 장비를 들고 다니면서요.

이럴 수가! 완전히 난장판이잖아! 여기저기 다 있어!

뭐가 있어서 그러는건데?

쓰레기말야! 산책로 여기저기에 있는 쓰레기 때문에 구역질이 나.

그렇다면 우리가 뭘 할 수 있을까?

두 가지 방법이 있지. 그냥 아무것도 하지 않거나……

……쓰레기를 줍고, 돌아오는 길에는 자연을 만끽하는 거지. 일단 치우자!

이렇게 해 봐요!

친구들과 '제로 웨이스트 특공대'를 꾸려보는 건 어때요? 물론 이 미션은 앞의 미션보다 더 큰 열정과 노력이 필요하다는 걸 명심해야 해요. 하지만 동시에 그 결과를 즉시 눈으로 볼 수 있어서 뿌듯한 마음이 들 거예요.

1
쓰레기 봉투와 장갑으로 무장해요! 쓰레기 봉투가 차면 들어 줄 어른 한두 명도 초대하고요.

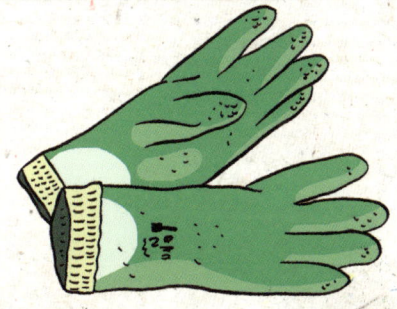

2
특공대 이름이 적힌 노란색 조끼를 입어요. 흩어져서 쓰레기를 줍는 동안 최대한 많은 사람들이 여러분의 위치를 파악하고 있어야 하거든요.

3
한 달에 한 번은 가벼운 산책을 하며 눈에 보이는 쓰레기들을 주워요. 단 위험한 쓰레기를 조심해야 해요. 너무 뾰족하거나, 날카롭거나, 심하게 더러운 쓰레기는 어른들에게 부탁하세요.

한걸음 더!
여러분이 밖으로 나가는 행동을 보다 보면 다른 사람들도 여러분을 돕기 위해 참여하고 싶어질 거예요!

자연에서
미션 29

자연에서 구한 재료로 생활용품 만들기

가장 아름다운 작품은 자연이 주는 것들이에요.
모두가 떠난 바닷가에 남아 있는 모래성,
조개껍데기로 만든 목걸이, 나무로 만든 액자…
이것들보다 더 예쁜 게 무엇일까요?

> 카린, 나 뭔가를 직접 만들어 보고 싶은데!

> 오, 그런 자발적인 자세 좋은데? 그런데 정확히 뭘 만들고 싶은 거야?

> 글쎄. 그저 뭔가를 만들어서 잠자는 내 창의력을 깨우고 싶을 뿐!

> 정말 좋은 생각이야!

> 그런데 어떤 재료로 만들기 시작해야 할지 모르겠어.

> 자연이 널 도와줄 거라고 생각하지 않니?

이렇게 해 봐요!

무언가를 만들기 위해서 마트에 갈 필요는 없어요. 자연에서 빌리거나 찬장을 뒤적이다 보면 만들기에 필요한 예쁜 장식 재료를 얼마든지 찾아낼 수 있지요. 해변이나 근처의 숲에서 발견할 수 있는 것들을 모아서 아래의 물건들을 만들어 보세요.

▶ **나무 조각과 가는 끈, 솔방울, 조개껍데기** 등으로 모빌을 만들 수 있어요.

▶ **나무 조각과 그물 조각**, 자연에서 찾아낸 모든 보물들로 액자를 만들어요.

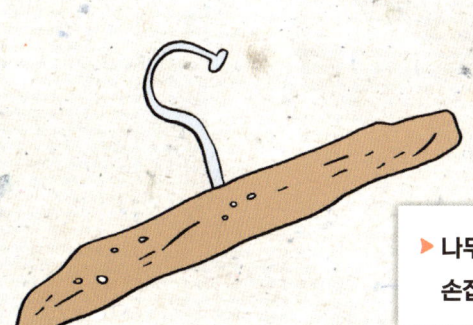

▶ **나무 조각과 못 쓰게 된 플라스틱 옷걸이의 손잡이**를 재활용해 예쁜 옷걸이를 완성해요.

자연에서
미션 30

새 모이통 만들기

매우 추운 계절에는 수많은 새들이 충분한 먹이를
찾기가 힘들어요. 하지만 여러분이 도와줄 수 있어요!
꽁꽁 얼거나 눈이 내릴 때 새들에게
모이를 조금씩 선물하는 거예요.

으, 너무 춥다!

으으으, 그러니까. 말도 안 돼.
눈 내린 거 봤어?

그런데 이렇게 세상이
꽁꽁 얼어 버리면
새들은 먹이를 어떻게 구하지?

분명히 새들은
더 힘들 거야.

우리가
도와줄 순 없을까?

모이통을 만들어 주자!
제로 웨이스트도 실천하고!

이렇게 해 봐요!

1 빈 주스통을 재활용해 봐요! 먼저 주스통을 깨끗이 씻고 잘 말려요.

2 커터칼로 주스통 한쪽 면의 일부를 잘라 내요. 작은 창을 내는 거예요. 칼을 사용할 땐 어른들의 도움을 받아요.

3 작은 창 아래에 작은 구멍을 뚫고 그 구멍에 나뭇가지를 끼워 넣어요. 새가 앉을 자리를 마련해 주는 거죠.

4 이제 재활용 모이통 속에 모이를 채워 넣어요. 날아다니던 새들도 모이를 볼 수 있어야 하니 창문 높이만큼 채워야 해요.

5 마지막으로 모이통에 가는 끈을 꿰어 나뭇가지에 달아 놓으면 돼요.

한걸음 더!

매우 추운 날씨에만 새들에게 먹이를 줘야 해요. 새들이 스스로 먹이를 찾는 것도 중요하거든요. 또한 마실 물도 놓아주고 자주 갈아 주어야 해요.

자연에서
미션 31

휴대용 재떨이 만들기

길을 걷다 보면 우리는 버려진 담배꽁초를 어렵지 않게 발견할 수 있어요. 비가 오면 담배꽁초는 빗물에 쓸려 하수구로 들어가요. 별 것 아니라고 생각하는 것이 환경을 오염시키고 있는 거예요.

어디선가 읽었는데, 땅에 버려진 담배꽁초 하나가 물 500L까지 오염시킬 수 있대. 정말 말도 안 돼!

맞아, 너무 심각한 오염이지…….

그런데 정작 담배 피는 사람들은 그 사실을 모르는 것 같아.

무의식 중에 담배꽁초를 버리니까 그렇겠지.

흡연자들한테 피해가 가지 않게 알려 줄 수 있는 방법이 있을까?

음… 우리가 직접 재떨이를 만들어 주자!

이렇게 해 봐요!

1
플라스틱 주스통의 윗부분과 뚜껑, 그리고 같은 크기의 뚜껑을 하나 더 준비해요.

2
통의 뚜껑을 닫고 주둥이 아래 부분의 플라스틱을 잘라 내요. 이때 손이 다칠 수 있으니 어른들에게 도움을 받아요.

3
여분의 뚜껑은 뚫려 있는 주둥이 부분에 힘을 가해 끼워요. 필요하다면 바닥에 놓고 발로 지긋이 밟아도 돼요. 그렇게 하면 뚜껑이 딱 끼워져서 작은 밀폐 상자가 완성되죠. 반대쪽에서는 뚜껑을 돌려 쉽게 열고 닫을 수 있답니다!

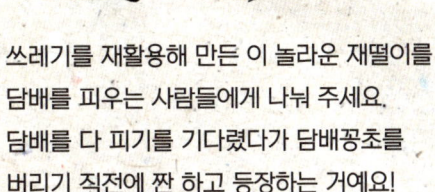

쓰레기를 재활용해 만든 이 놀라운 재떨이를 담배를 피우는 사람들에게 나눠 주세요. 담배를 다 피기를 기다렸다가 담배꽁초를 버리기 직전에 짠 하고 등장하는 거예요!

자연에서
미션 32

천연 재료로
벌레 퇴치제 만들기

지구상에 존재하는 다양한 생물들은 균형을 이루어야 해요.
생물 다양성을 지키기 위한 방법 중 하나는
살충제 사용을 제한하는 것이랍니다.

으악, 내 장미꽃에 진딧물이 생겼어!

치, 말만 그렇게 하고 오지도 않으면서!

그러시겠지. 그나저나 진딧물을 처치할 방법은 없을까?

너희 집에 더 자주 나를 초대해야겠다!

그야 내가 지구를 보호하느라 무척 바쁘니까 그렇지.

물론 있지! 네가 사용할 수 있도록 천연 벌레 퇴치제 만드는 법을 알려 줄게. 독성 폐기물이 전혀 나오지 않는 퇴치제야.

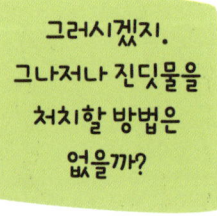

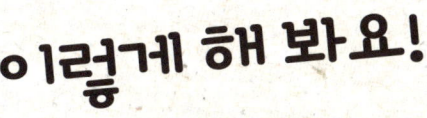

이렇게 해 봐요!

칠성무당벌레가 다른 일로 바쁜데 여러분이 기르는 식물이 위험에 빠졌다고요?
걱정 말아요. 천연 진딧물 퇴치제를 만들면 되니까요.
이 퇴치제가 여러분이 조그만 침입자들과 싸우는 걸 도와줄 거예요.

1
마늘 2쪽을 절굿공이로 으깨요.

2
으깬 마늘에 **수돗물 1L**를 섞은 다음, 24시간 동안 담가 놓아요.

3
24시간 뒤 이 혼합물을 체에 걸러 만들어 낸 '마법의 물약'을 1L짜리 분무기에 채워요.

4
이제 진딧물이 들끓어서 식물이 말랐을 때 이 마법의 물약을 뿌려 주기만 하면 돼요. 며칠 안에 진딧물이 싹 사라질 거예요.

한걸음 더!
정원에서 화학 물질을 적게 사용할수록 생물들이 스스로 균형을 더 잘 맞추게 되어서 생물 다양성을 지킬 수 있답니다.

 # 환경 용어 사전

제로 웨이스트(Zero Waste) : 배출되는 쓰레기를 제로로 만들자는 의미로, 일회용 컵과 비닐봉지 등 썩지 않는 쓰레기를 줄여 쓰레기 생산을 줄이는 생활습관을 말해요. 국내에도 일상 속 쓰레기를 줄이는 '제로 웨이스트 운동'에 동참하는 사람이 늘고 있답니다.

5R 운동 : 제로 웨이스트를 실천하는 방법 중 가장 많이 알려진 운동입니다. 내용은 다음과 같아요.

① **거절하기(Refuse)** : 쓰레기를 줄이는 가장 쉬운 실천 방법이에요. 명함, 빨대 등 무료로 나눠주는 것들을 거절함으로써 쓰레기가 생기는 것을 막을 수 있습니다.

② **줄이기(Reduce)** : 꼭 필요한 물건만 사고, 포장이 적은 제품을 선택하는 구매 습관으로 쓰레기를 줄일 수 있어요. 또한, 잘 사용하지 않는 물건을 다른 사람과 나누고, 장바구니와 텀블러 활용으로 일회용 쓰레기를 줄이는 것도 줄이기 원칙에 속합니다.

③ **재사용하기(Reuse)** : 다시 쓸 수 있는 물건을 재사용하면 쓰레기를 줄일 수 있어요. 일회용 플라스틱 용기를 씻어서 다시 사용하고, 건전지를 충전해서 재사용하는 방법으로 실천해 봅시다.

④ **재활용하기(Recycle)** : 배출되는 쓰레기 중에는 재활용할 수 있음에도 버려지는 경우가 많습니다. 물건을 살 때 재활용 마크가 있는지 살피고, 재사용하도록 합니다.

⑤ **썩히기(Rot)** : 음식물이 무분별하게 버려지면 토양을 오염시키게 되지만, 음식물만 모아 썩히면 유기질 비료나 가축 사료로 사용할 수 있어요. 환경오염을 막고, 새로운 용도로 활용되니 일석이조의 효과를 얻을 수 있답니다.

생물 다양성(Biodiversity) : 지구에 사는 생명 전체가 얼마나 다양한지를 말하는 거예요. 단순히 생물 종의 수만을 뜻하는 게 아니라 생물이 지닌 유전자의 다양성, 생물 종의 다양성, 생물이 사는 생태계의 다양성을 모두 포함하는 개념이랍니다. 생물 다양성은 생태계가 얼마나 건강한지 판단하는 지표입니다. 생명 다양성이 높다는 건 다양한 생명체들과 함께 살고 있다는 뜻이에요. 전 세계에서 호랑이, 곰 등 멸종위기 동물들이 많이 생기는 것도 생물 다양성이 악화되기 때문이에요.

기후변화(Climate Change) : 기후의 평균 상태가 변화하는 것을 말해요. 20세기 들어 지구는 기온 상승이 뚜렷하게 나타나고 있고 지역에 따라 강수량의 증감이 나타나고 있어요. 이렇게 기온이 상승하게 된 원인은 크게 자연적인 원인과 인위적인 원인으로 나눌 수 있습니다.

① **자연적인 원인** : 지표면에 들어오는 태양 복사 에너지의 변화, 대기 구성의 변화, 지표면 상태의 변화 등이 있어요. 예를 들어, 대기에 이산화탄소나 메탄 등 온실가스가 증가하면 온실 효과가 강화되어 기온이 상승하지요. 반대로 지구 표면에 눈이나 얼음으로 덮인 면적이 증가하면 햇빛이 반사되어 지표면에서 받는 일사량이 감소하므로 기온은 낮아지게 돼요.

② **인위적인 원인** : 이산화탄소는 주로 화석 에너지 사용과 같은 에너지 소비 과정에서 발생하고, 메탄은 소나 양 등 가축의 배설물과 벼농사와 같은 농업 활동, 쓰레기 매립장 등에서 많이 발생해요. 이렇게 이산화탄소와 메탄의 발생량이 많아지다보니 자연히 기온이 상승하게 되고, 지구온난화 현상이 일어나게 되는 거예요.

온실효과(Greenhouse Effect) : 지구 표면에서 나오는 에너지가 공기 중의 수증기와 이산화탄소 등에 흡수되어 대기권 밖으로 빠져나가지 못하도록 하는 현상을 말해요. 따라서 지구 표면의 온도가 점차 상승하게 되지요.

온실가스(GHGs ; Greenhouse Gases) : 지구 대기를 오염시켜 온실효과를 일으키는 가스를 통틀어 이르는 말이에요. 온실 가스로는 이산화탄소, 메탄, 이산화질소, 프레온, 오존 등이 있어요. 석유, 석탄 등 화석 연료의 사용이 많아지면서 온실가스의 배출이 증가하게 되었어요. 온실 가스는 지구에서 온실의 유리와 같은 기능을 해요. 온실의 유리가 온실 내부의 온도는 올려주지만 열이 밖으로 나가지 않는 것과 같은 거예요. 그래서 지구의 기온이 점차 상승하게 되는 거랍니다.

지구온난화(Global Warming) : 19세기 후반부터 시작된 전 세계적인 지구 표면 기온의 상승 현상을 말해요. 지구온난화의 주요 원인은 인간 활동에 의한 대기 중 온실가스의 증가입니다. 화석연료의 사용 증가, 쓰레기의 증가, 산림의 무분별한 벌목 등이 원인이지요.

사막화(Desertification) : 강수량보다 증발량이 많아 기후가 건조해지면서 사막이 확대되는 현상을 말해요. 도시의 팽창과 무분별한 산림 파괴, 과도한 경작과 방목 등 부적절한 인간 활동이 사막화 현상을 부추기고 있어요. 봄이 되어 황사가 심해지는 것도 중국의 사막화 현상 때문이랍니다.

미세먼지(PM ; Particulate Matter) : 먼지란 대기 중에 떠다니거나 흩날려 내려오는 입자상 물질을 말하지요. 이런 먼지 중에 눈에 보이지 않을 만큼 입자 크기가 매우 작은 먼지를 미세먼지라고 해요. 미세먼지는 지름이 10㎛(마이크로미터, 1㎛=1000분의 1mm) 이하의 먼지예요. 입자가 2.5㎛ 이하인 경우는 '초미세먼지'라고 불러요. 자동차 배출가스나 공장 굴뚝 등을 통해 주로 배출되며 중국의 황사나 심한 스모그 때 날아오지요. 미세먼지는 대기 중에 머물러 있다가 호흡기를 거쳐 폐 등에 들어가 건강에 나쁜 영향을 미칠 수 있어요. 세계 보건기구인 WHO에서는 미세먼지를 1군 발암물질로 지정했답니다.

미세플라스틱(Microplastic) : 길이나 지름이 5mm 이하인 작은 플라스틱으로, 너무 작아서 하수처리 시설에서 걸러지지 않고 그대로 바다와 강으로 유입되는 플라스틱을 말해요.

생태발자국(Ecological Footprints) : 사람이 사는 동안 자연에 남긴 영향을 토지의 면적으로 환산한 수치를 말해요. 헥타르(ha) 또는 지구의 개수로 나타냅니다. 이 수치가 클수록 지구에 해를 많이 끼친다는 의미입니다.

탄소발자국(Carbon Footprint) : 인간의 활동이나 상품을 생산, 소비하는 전 과정에서 생기는 온실가스 배출량을 이산화탄소로 환산한 총량을 말해요. 여기에는 이들이 일상 생활에서 사용하는 연료, 전기, 용품 등이 모두 포함되지요. 탄소 발자국 역시 배출하는 탄소의 양이 많을수록 커지며, 탄소 발자국 지표가 높으면

기후위기를 악화시키는 온실가스가 더 많이 배출돼 지구를 더 뜨겁게 만든다는 의미입니다.

환경 호르몬(Environmental Hormone) : 생물체에서 정상적으로 생성·분비되는 물질이 아니라, 인간의 산업 활동을 통해서 생성·방출된 화학 물질을 말해요. 환경 호르몬은 동물이나 사람에게 마치 호르몬처럼 작용하여 생물체의 정상적인 기능을 방해하거나 혼란시켜요. 플라스틱 장난감이나 컵라면과 같은 플라스틱 용기, 농약을 뿌린 과일 등에서 검출됩니다.

열섬 현상(Urban Heat Island) : 산업화와 도시화가 진행되면서 난방 시설과 자동차 등에서 인공 열이 발생하여 도심 지역이 주변보다 온도가 높아지는 현상을 말해요.

유기농(Organic Farming) : 화학 비료나 농약을 쓰지 않고 유기물과 미생물 등 자연적인 자재만을 사용하는 농업을 말해요. 병충해 방지도 생물학적인 방법을 이용하지요. 화학비료나 농약이 땅을 오염시키고 건강에 나쁜 영향을 끼치는 것이 밝혀지면서 유기농에 대한 관심이 커지고 있답니다. 화학 비료와 농약을 사용하지 않고 퇴비만을 사용하는 농사 방법을 '무농약 재배'라고 해요.

친환경(Eco-Friendly) : 자연환경을 오염시키거나 파괴하지 않고 자연 그대로의 환경과 잘 어울리는 것을 말해요. 친환경을 위해서는 유기농 원료로 상품을 만드는 것이 좋답니다. 이렇게 재료의 질뿐만 아니라 생산되는 전 과정을 통틀어 환경을 생각하며 만드는 제품을 '친환경 제품'이라고 해요.

로컬푸드(Local Food) : 지역을 뜻하는 로컬(Local)과 음식(Food)의 합성어로 사는 곳에서 가까운 국내 지역에서 키운 쌀, 채소, 과일, 육류 등의 먹거리를 뜻해요. 먹을거리가 생산지로부터 밥상까지 이동하는 물리적 거리를 줄이면 환경오염을 줄일 수 있지요. 로컬푸드 운동은 특정 지역에서 농민들이 생산한 먹을거리를 가능한 한 그 지역 안에서 소비하도록 촉진하는 활동을 말합니다.

슬로푸드(Slow Food) : 슬로푸드는 햄버거와 같은 패스트푸드(Fast Food)와 반대되는 개념이에요. 지역과 환경에 맞는 음식, 또는 이를 확대하려는 사회적 운동을 말하지요. 1986년 로마의 맥도널드 햄버거에 대한 반대 운동으로 시작되었어요. 패스트푸드는 식재료를 산업화된 농업에 주로 의존하고 있기 때문에 식품 안전성에 문제가 있어요. 슬로푸드는 산업형 농업보다 전통적인 농업을 더 중시하고, 특히 거대 기업농보다는 소생산자를 보호하는 것을 중요하게 생각해요. 또한 품질 좋고, 깨끗하며, 공정한 방식으로 마련된 음식을 지향하며, 지역사회의 전통을 발굴 계승하는 데에도 관심을 쏟고 있답니다.

식품첨가물(Food Additive) : 식품을 만들고, 가공하고, 보존할 때 식품에 넣거나 섞는 물질을 말해요. 알레르기와 비만의 주요 원인이 되지요. 몸속에 들어간 식품 첨가물 중 50~80%만 배출이 되고 나머지는 몸속에 쌓이기 때문에 가능한 한 먹지 않는 게 좋아요.

GMO(Genetically Engineered Organism) : 유전자 변형 생물을 말해요. 즉 인위적으로 유전자를 재조합하거나 유전자를 구성하는 핵산을 세포 등에 직접 주입하는 등의 생명공학 기술로 만들어진 농·축·수산물·미생물 등을 말하지요. GMO와 이를 가공하여 만든 식품을 '유전자변형식품'이라고 해요. 우리나라는 안전성이 확인된 유전자변형식품만 식품으로 사용할 수 있습니다.

지속가능 발전(Sustainable Development) : 하나뿐인 지구를 지키고 보호하기 위해 국제 환경 협약에서는 지속가능 발전을 목표로 하고 있어요. 지속가능 발전이란 현재의 자연환경을 미래 지향적으로 보전하고 개발하여 경제 발전을 도모하는 것을 말해요. 1987년 세계 환경개발위원에서 처음 사용한 개념이랍니다.

재생 가능 에너지(Renewable Energy) : 재생 가능한 자원, 즉 햇빛(태양), 바람(풍력), 비, 조수(조력), 파도, 지열과 같이 시간이 지남에 따라 자연적으로 보충되는, 재생 가능한 자원으로부터 수집된 에너지를 말해요.

그린 에너지(Green Energy) : 환경을 오염시키는 석유, 석탄 등의 화석연료와 달리 공해 물질을 배출하지 않는 환경친화적인 에너지를 말해요. 태양열, 지열, 풍력, 수력, 조력 등의 자연 에너지와 수소 에너지, 바이오매스(bio-mass) 등이 여기에 속하지요. 수소 에너지는 태양으로부터 얻을 수 있는 가장 강력한 에너지원으로, 깨끗하고 효율적이며 재생이 가능할 뿐만 아니라 부산물로 유해기체를 만들어 내지 않아요. 바이오매스는 동물·식물·미생물의 유기물량으로, 나무의 줄기·뿌리·잎 등이 대표적입니다.

업사이클링(Upcycling) : 어떤 것의 품질을 높이는 업그레이드(Upgrade)와 필요 없는 물건이나 폐품을 재생하여 이용하는 리사이클링(Recycling)의 합성어예요. 기존에 버려지는 제품을 단순히 재활용하는 차원을 넘어서 독창적인 디자인과 생각을 더하여 새로운 가치를 더한 제품으로 재탄생시키는 것을 말해요.

파리기후변화협약(Paris Climate Change Accord) : 온실가스 배출을 줄이고 지구 평균 온도의 상승폭을 낮추자는 약속을 담은 협약이에요. 2015년 12월 12일 파리에서 열린 21차 유엔 기후변화협약 당사국총회에서 195개 나라가 채택한 협약이지요. 이전에도 이런 약속을 담은 '교토의정서'라는 협약은 있지만, 이 협약은 선진국에게만 온실가스 감축 의무를 부여했었지요. 파리협약은 195개의 당사국 모두에게 구속력이 있는, 보편적인 기후변화 대응을 위한 협약이라는 점에서 역사적인 의미가 있답니다. 파리협약의 목표는 '산업화 이전 시대와 비교해 지구의 평균기온 상승을 2℃보다 상당히 낮은 수준으로 유지하고, 1.5℃ 이하로 제한하기 위한 노력을 추구하는 것'이에요. 이를 위해 당사국들은 5년마다 스스로 정한 감축 목표를 제출해야 해요.

비치코밍(Beach Comging) : 해변(Beach)과 빗질(Combing)의 합성어로 해변을 빗질하듯 쓰레기나 바다 표류물을 줍는 행위를 말해요. 해양오염의 경각심과 실천을 독려하는 데 큰 역할을 하지요.

지구의 날(Earth Day) : 지구 환경오염 문제의 심각성을 알리기 위해서 자연보호자들이 제정한 지구 환경보호의 날로, 매년 4월 22일이에요. 지구의 날에는 나무를 심거나 밤에 10분 동안 불을 끄는 소등 행사로 동참할 수 있어요.

글 · 카린 발조
국립자연사박물관에서 연구원으로 일하며, 환경 보호 실천 및 교육 단체인 '칠성무당벌레'의 대표를 맡고 있습니다. 이 단체는 지구의 지속가능한 발전에 동참하고자 하는 개인, 기업, 단체에게 환경 보호에 관한 정보를 제공하고 지원합니다. 그녀는 제로 웨이스트를 일상 생활의 예술로 만들어 함께 지구를 아끼고 보호할 수 있는 방법을 공유하길 바랍니다. 지은 책으로 《환경 보호, 어떻게 해요?》, 《똑똑해지는 미로찾기 땅속탐험》 등이 있습니다.

그림 · 로랑 오두앵
프랑스의 푸아티에에서 살며 어린이책에 그림을 그리고 있습니다. 여행, 탐정 수사, 재미있는 이야기를 좋아합니다. 유쾌하고 흥미진진한 그림으로 아이들의 사랑을 듬뿍 받고 있답니다. 그린 책으로 《꼬마 탐정 미레트》, 《유레카 실험 원정대》 등이 있습니다.

옮김 · 김하나
대학에서 불어불문학을 전공했습니다. 지금은 출판사에서 어린이와 청소년을 위한 책을 기획하고 만들며 프랑스의 좋은 책을 우리말로 옮기는 일도 합니다. 옮긴 책으로는 《바람은 보이지 않아》, 《참 좋은 말》, 《예절이 필요해!》, 《똑똑한 수수께끼 그림책 누굴까? 왜일까? 1, 2》가 있습니다.